CAMINEMOS JUNTOS

CAMINEMOS JUNTOS

FELIPE HUGUEÑO

Valparaíso
EDICIONES

Número 456 de la Colección VALPARAÍSO DE POESÍA
dirigida por FEDERICO DÍAZ-GRANADOS

Diseño de la colección: Chari Nogales

Maquetación: Ciclo Creativo

Primera edición: abril de 2025

© De los poemas: Felipe Hugueño
© Imagen de portada: Diseño de Alberto M. Canales sobre la
fotografía original de Lindsey Barquero

© Valparaíso Ediciones
C/ Fray Leopoldo, 7 bajo, 18014 Granada
www.valparaisoediciones.es

ISBN: 979-13-87538-01-9
Depósito Legal: GR 562-2025

Impreso en España - *Printed in Spain*
Gráficas Gami

CAMINEMOS JUNTOS

Para Camila

"Ay, mama, no lo vi nunca
y, aunque me está dando miedo,
ahora de oírlo y verlo,
me dan ganas de quedarme
con él, nada más, con él,
ni con gentes ni con pueblos."
GABRIELA MISTRAL

"¿Qué ha de haber que me guste
Como mirarle
De entre polvo de libros
Surgir radiante,
Y, en vez de acero, verle
De pluma armarse,
Y buscar en mis brazos
Tregua al combate?"
JOSÉ MARTÍ

PRÓLOGO

Antes de enseñar el curso sobre escritoras hispanas en el otoño del 2022, no me había dado cuenta de que el mar en *Caminemos juntos* es una manifestación cultural originaria del ADN de la poesía chilena. Recuerdo haber incluido a Gabriela Mistral en el programa de estudio y mientras buscaba y seleccionaba los textos que asignaría durante el semestre, fue que volví a toparme con el poema "Todas íbamos a ser reinas" del poemario *Tala*. En el poema el mar representa la felicidad soñada para Rosalía, Efigenia, Lucila y Soledad.

En otro ambiente menos acelerado que el salón de clase —en mi patio con vistas a una laguna artificial que no se compara absolutamente en nada al mar—, escuchaba "Se canta al mar" de Nicanor Parra por YouTube, y la mención a este cuerpo fluido y sin fronteras ya creaba en mí una ciclicidad que me transportaba a mi patria simbólica, a tiempos anteriores e incluso anteriores a mi existencia. Era escuchar el oleaje a mi lado, sentir la humedad pegarme en la cara y la sal despertarme el olfato. Los escritores chilenos aluden al mar por este ser parte de la geografía tan única que el país posee; pero jamás me había imaginado que yo estuviera flotando en ese vaivén. Y ahora que releo el poemario arribo a una noción de identidad alimentada por la memoria. Tipo de memoria ancestral e inconsciente que está grabada en la genética, haciendo eco desde el *Big Bang* y desde el momento en que empezamos a desarrollarnos en el útero, nuestro primer océano. Además, el poemario es universal por las experiencias vividas fuera de Chile y por aquellas que apuntan hacia el futuro. El mar es el puente entre lugares y tiempos, pero son tiempos que se entrelazan para convertirse en uno atemporal, en uno que se ha suspendido en el universo.

Como puente, el mar globaliza, pero lo hace sin olvidar los detalles particularmente regionales. Por ejemplo, el océano Atlántico me transporta a los momentos y lugares bañados por el océano Pacífico para después arrojarme a las orillas de la actualidad. Me arroja a una etapa en la que mi genética reflexiona y literalmente se rehace. El oleaje de la existencia sacude y transporta las experiencias pasadas y al sentido que ellas algún día significaron a la superficie. Ahora, ojalá que, para ella, para quien estos versos están dedicados, las experiencias también tengan algún sentido.

Espero que los versos le brinden felicidad soñada, pero sobre todo felicidad cumplida. Que los lea para entender de dónde viene y para que sepa que la vida es alzada por la muerte. No hay vida sin la muerte. La vida y la muerte son los altibajos del oleaje que llamamos vida. Ojalá que después de la lectura, ella tenga mayor claridad para preguntarse y responder su propio *Ubi sunt* y que tenga estas páginas para comunicarse conmigo cuando algún día yo le haga falta. Sería también maravilloso que las utilizara para comunicarse con las generaciones pasadas que nunca alcanzó a conocer, pero que se encuentran ocultas en su genética y de las cuales el mar eterno ha sido testigo.

EL PRINCIPIO

EL *BIG BANG*

El encuentro:
un punto invisible para el ojo
que absorbió calor
y cuya agitación interna lo e s t i r   ó

(Entropía hermosa)

Ex   plo
                tó
y la vibrrrración sigue haciendo eco
por el vacío del
universo   ooo   oo   o

Vibrra en
          las
          costillas

singular
   ↑
Crece
pero se e   s   t   i   r   a ,
empujando su circun
                fe   ren
                    cia
vinculándose
a través de relaciones:
Emociones,   calor,   frío,

```
   e      t           a
      n     ro
               pí
```

No debe que/bran/tar/se
solo e s t i r a r s e
Que se entone con el tiempo,
que ame,
que siga haciendo ec ooo oo o o o o o
y que deje huella
en esta página
y en otras.

MEMORIA

UN COMPLOT DE LOS ASTROS

¿Y quién creería el miedo que le tuve?
Al toque glacial,
a las caricias bruscas,
a la risa espumosa,
esa risa de la rabia…

El destino me ha azotado a sus orillas,
hundido en la arena
y golpeado de manera repetida

Cangrejos lisiados,
azules, colorados;
almejas y ostras quebradas;
pulgas de mar descascaradas

Encandilado he seguido sus suspiros
y enredado en el pelo alborotado
y caído de las sirenas

¿Tanto miedo que le tuve?
Desde que tengo memoria
el destino me zambulle
en la placenta oceánica
para nutrirme de energía

Ahora camino en la playa
obsesionado con ese miedo del pasado
y siendo cangrejo del zodiaco,
miro al cielo y me pregunto
si todo fue un complot de los astros.

LOS BARCOS Y LOS BUQUES

Las aguas pacíficas rechazan a los buques de guerra
y en el horizonte mitológico se sientan los barcos de papel
que emergen
desde lo profundo de la niñez
Jamás naufragaron,
solamente se habían extraviado

…

Más cerca,
pegados a la orilla,
por las cavidades de la bruma
se divisan pescadores del ocio
que no pescan por negocio

Los otros,
los que abordan la avaricia,
se camuflan a plena vista
en los llanos de alta mar
No son artesanales
como aquellos
de la caleta El Membrillo

Los barcos de la memoria resucitan,
regresan,
pero en el puerto las grúas siguen jugando al tetri
  a prisa
con los contenedores
     provenientes
       de la China.

LA PROMESA

No sabías nadar,
pero querías descansar en él,
disuelto con la sal

Cuatro años después,
recién satisficimos
tu última voluntad.

EL CORDÓN UMBILICAL
Y LA IMAGINACIÓN

Esa memoria se queda en el cordón umbilical
Con el tiempo la recuperas,
pero jamás será igual

En estos momentos tu madre respira por ti
Te mantiene con vida,
respiración asistida,
totalmente natural

Tus pulmones están empapados del líquido amniótico
del primer océano en que nadas
Quizá abras la boca y bebas esa ambrosía
Si lo haces,
saborea y recuérdala
porque pronto verás que las cosas cambian
y que asirás aire—
un fluido engañoso que no es líquido

Tus branquias, agallas de pez,
se llenarán de aire
cuando gatees de la mar a la tierra
y des ese distinguido llanto por primera vez

Tu madre te da vida
Se sacrifica sin dudarlo:
respirando, comiendo, bebiendo, trabajando y
descansando
Su cuerpo, las manos de Miguel Ángel,

te esculpen a la perfección
Yo, en cambio, solo te imagino
porque es su cuerpo el que baraja mis genes

Nada, salpica y date chapuzones
en el océano que tu madre ha creado
y si puedes,
piensa en lo todo
que yo te he imaginado

Guarda estas memorias.

DEL ATLÁNTICO

Ella es del Atlántico
mientras que sus padres
en algún rincón de sus genes
o en algún aula tercermundista
aprendieron de la Guerra del Pacífico.

JOCELYN

Es tu segundo nombre,
pero hubo alguien más que lo llevara

No estarías aquí presente
si no fuera por ella
que se sacrificó por tu *dada*

Es la tía que no conocerás
Es la hermana con la cual no coincidí

Debe estar al lado del abuelo sonriendo,
viendo como su madre y hermanos envejecen
Ahora tiene sobrinos, todos mayores,
pero ella nació y murió primero

Cuando te pusimos su nombre
fue para jamás olvidarla
Fue para honrarla.

VIOLENCIA

EL MAR ENFADADO

Como si escuchase música clásica,
está calmado
En otros momentos se enfada
y desata la rabia de un *punk* disgustado

Expulsa su ser:
los pecezuelos arrojados nadan asustados,
haciendo *surf* sobre las olas
Los cangrejos huyen de sus brazos amorfos,
excavan cuevas en la ribera,
lejos de la zona de naufragios
Los veleros se encaraman en las dunas,
aterrorizados del susurro
                                    de un posible tsunami
y las aletas de los delfines
se confunden con las crestas de las olas

Trae troncos de lugares incógnitos,
cangrejos, mui muyes
y uno que otro cangrejo cacerola
volcado boca arriba a los siete vientos

A una niña le cubre las partes impúdicas,
la viste con furia
y ella, eufórica, juega

Son imágenes desordenadas
                    que el mar arroja
Les trato de dar sentido,
de organizarlas,
pero no se va en contra de la corriente.

NAUFRAGIOS EN LOS SOUTHERN SHORES DE CAROLINA DEL NORTE

La lectura del naufragio del Bald Eagle II en los Outer Banks
arroja otros naufragios a la página:

El del USS Huron es el que más llama la atención
Fue la última embarcación de hierro
que zarpó rumbo a Cuba el 23 de noviembre de 1877

Noventa y ocho marineros perecieron
esperando el rescate que jamás llegó
¿Serán ellos los reencarnados en el Churruca de 1912?
¿Querrán completar el viaje a Cuba?

Otro naufragio aludido,
el de José Emiliano Pacheco
en su cuento "Cuando salí de la Habana, válgame Dios"
¿Será una embarcación fantasma la que navega el autor?

La espera del rescate debe haber sido eterna
Esas horas abordo del USS Huron
se transformaron en un siglo en el Churruca
y el rescate que no llegó
fue el rechazo de desembarcar en Veracruz

Es insólita la coincidencia
porque cuando el protagonista le pregunta a Isabel la fecha,
ella "contesta llorando, es el 23 de noviembre de 2012,
algo pasó, nos tardamos en llegar todo un siglo"

El USS Huron naufragó en la madrugada del 24
¿Qué importan esas horas de diferencia cuando se
pierde un siglo?
El 23 estaban vivos
y quizá no se menciona el 24 porque ya estaban muertos

Marineros estadounidenses,
representante de la Ferroquina Cunningham,
obsesionado con una españolita nacida en Túnez,
que vive en Barcelona
y que se encamina a Veracruz
¡Todos fantasmas, de historias fantasmas!

¿Qué los entretuvo por tanto tiempo?
Al protagonista, lo que él pensó amor
A la españolita, las curiosidades que le contaba
A los marineros, la certeza de que las autoridades los
rescatarían
Al lector, el flujo de consciencia errático,
pero sumamente informado
Y al escritor, los misterios que el mar se traga.

ÁGUILA AMERICANA

Se daban un banquete de pececillos
con una puesta de sol que relajaba la vista
El águila las embistió
y su grácil revoloteo no fue de inmediato registrado
Ellas continuaron con el picoteo:
engullían y engullían

Por su blanco plumaje,
parecía una gaviota enorme,
pero el peso la hacía paradójicamente ágil

Verla les espantó el hambre
Escamparon,
convirtiéndose en una tormenta de alas
y cacarearon enloquecidas
Hasta los peces las escucharon,
haciendo otra tormenta hacia las profundidades

La que tenía un pez en la boca
fue ejemplo viviente/muerto del dicho:
"Por la boca muere el pez"
Acá, también la gaviota.

FINGER MULLET

Una nave extraterrestre los aprehende
con redes transparentes
Obediente al cuerpo de las olas
el destino de sus pesas les cae encima

Satisfecho, el dios humano
les usurpa las hebras de la vida
Los arrastra y saltan inútilmente
suplicando la salvación

El aire conserva un residuo familiar,
pero la sequedad los asfixia
Caen al balde sobrepoblado,
respiran el oxígeno disminuyente,
se bofetean,
el calor los quema
y uno por uno expiran

Llegan al espacio doméstico,
son embolsados,
petrificados en la nevera
hasta que se convierten en carnada
y vuelven al océano

Entonces mueren por segunda vez
tajados por un cuchillo
o desmenuzados por monstruos
mientras una línea de nylon los jala tiesos.

LA PLOMADA

Plomadas lanzadas
Se hunden y con ella los peces

    Tanto plomo que parece un verdadero bombardeo
    como aquellos de humanos contra humanos

Plomada acoplada a anzuelos filudos
y a la malicia del engaño y del consumo.

ENTRE LOS PASTIZALES

Son las seis de la mañana
y me camuflo entre los pastizales
mientras las serpientes ratoneras duermen

Llevo un traje impermeable para el frío,
tiro la línea con la maldad del anzuelo,
la única espina que tiene este señuelo

La manipulo para que despida la esencia
que convoca a las víctimas
y espero y espero
hasta que lo muerda algún pez ingenuo.

FOBIA

Fobias que me pertenecen:
la acrofobia y la talasofobia

Entre más viejo y más pesco,
más me imagino siendo arrastrado
por una criatura marina
y tener la desgracia de no morir
y quedar con una prótesis
como el Capitán Garfio de *Peter Pan*

Pero el miedo más preocupante
que se esconde debajo de la superficie
es el de faltarle a alguien querido

Para contrarrestarlo, busco hacerme invencible
y ya no corro riesgos innecesarios…

Últimamente me acecha desde los pensamientos
Se alimenta y crece de la inseguridad que siento.

MUERTE

LOS ADORNOS DE LA MUERTE

Un recién nacido lleva pelos y uñas,
vestigios que lo adornan a lo largo de la vida

En la matriz se viste de la madre,
quien lo encubre con capas de muerte

Ya expulsado, crece complementándolas con otras ajenas
Las colecciona y descarta como prendas de ropa vieja
Son de algodón, lana, cuero, seda
Son verduras, frutas y trozos de animales
entrando en la putrefacción

La muerte vive desde que es idea.

A SU LADO

Estoy a su lado
Él en la cama,
yo en el sillón,
los dos recostados

Miramos el frío neoyorquino,
recordando el viento del puerto y de los cerros
Nos refugiamos
detrás de un ventanal
y de la compañía
que nos hacemos

Me trajo a esta ciudad
y en ella nos quedamos
Él, más viejo
Yo, su versión más joven,
con algunas modificaciones

Cierra los ojos y por fin,
los dos descansamos.

NO TE PREOCUPES

Intentamos de resistir el paso del tiempo
Agregamos granitos de arena para alargar las horas
Quisimos frustrar la enfermedad con compañía
e ignorándola
como se ignoran los berrinches de niños malcriados

Pasamos momentos inolvidables
aunque el tiempo siempre escasea
de manera inoportuna

Todo lo que resta son memorias
que tratan de llenar un vacío,
el vacío de la ausencia.

TUS OJOS AZULES

Tus ojos azules son los mismos
que mi hermano y yo tenemos

Tus ojos azules son los nuestros
y cuando te miramos,
nos vemos los tres al mismo tiempo

Tus ojos azules me hablan de mí
A mi hermano, le hablan de él
Y ahora cuando él y yo nos miramos,
nos hablan de ti

Ese día tus ojos se despertaron asustados,
más grises que azules
Después se apagaron,
pero siguen recalcados en los nuestros
porque son los mismos.

UNA LLAMADA IMAGINADA

Todavía no siento el impulso de llamarte
Antes tenía que pasar bastante tiempo para hacerlo
Antes era necesaria una excusa
porque no te gustaban las llamadas sin propósito
Pero cuando lleguen el tiempo y el impulso,
¿cómo me comunicaré contigo?
Tu partida me es irreal
y tu voz me suena cercana, próxima
y a la vez fugada,
como se siente el calor del aliento
que abandona la boca en un día frío
y de invierno

...

Me encuentro rebobinando memorias inconclusas
Tomo el teléfono para ver las fotos
y reproducir los vídeos en donde con risa
disfrutamos un poco

Mis dedos se impacientan,
caminan sobre la pantalla,
buscan tus rastros por cada rincón,
por cada espacio que ocupas en la memoria interna

Es como si ayer hubieras estado bien
Es como si hoy fuera ayer

En algún momento no podré llamarte
Si ahora escribo
es porque busco el diálogo,
es porque te extraño

No hay día que pase que no piense en ti
No hay día que pase que no me pregunte por qué.

VIERNES DE LUTO

Hoy es viernes:

Paul murió
y consigo se llevó un pedazo mío
y moriste tú también
otra vez en mis recuerdos

      Así es que resucita la muerte en la mente

Hoy es viernes de luto,
pero mañana tendrá que ser diferente
Ustedes dos seguirán conmigo,
viviendo en la memoria
e implantándose en las de otros.

HART ISLAND

Distanciada del Bronx y de Long Island,
toma sus precauciones

No es isla de ningún encanto,
pero los que la visitan se quedan

Le han tocado a la puerta
la gripe española, el SIDA,
la fiebre amarilla, la tuberculosis y el Coronavirus
siempre con obsequios en cajas selladas

Tanta madera de las cruces y ataúdes
que está reforestada

Su tierra se fertiliza
y los gusanos se regodean entre el guano y los fiambres

Los muertos y los sepultureros
viajan juntos en los *ferries* fúnebres

Antes la visitaban peregrinos de Rikers,
la otra isla del encanto
Ahora necesitan relevo
y contratan a compañías privadas con excavadoras:
entierros masivos y mecanizados

Hay que trabajar rápido
Hay más tesoros que ocultar,

pero los trabajadores faltan
y por eso,
los seducen con incrementos a los sueldos ya mezquinos:
seis dólares la hora

Los indeseables hacen el trabajo indeseablemente
necesario
porque las morgues están saturadas
y los camiones refrigeradores no saben dónde dejar los
cuerpos

Los cuerpos se han duplicado
No sólo se trata de indigentes, gente sola,
niños abortados a o por la sociedad,
sino de individuos que han sucumbido
al Coronavirus.

"I CAN'T BREATHE"

Oliendo el asfalto
y la esencia herrumbrosa de su propia sangre
George decía: "*I can't breathe*"

Un peso descomunal le arrebataba la vida
como una soga que ahorca
y George decía: "*I can't breathe*"

Chauvin no cedía y lo privaba del milagro llamado vida
mientras George le decía: "*I can't breathe*"

A George se le ennegreció la vista porque moría,
pero en su mente todavía decía: "*I can't breathe*"

La respiración cesó,
su verdugo aún lo inmovilizaba
y los testigos le decían: "*He can't breathe*"

Todos de luto rogamos de rodilla:
"*We can't breathe*"

Queremos justicia
y que la vida no sea de blanco y negro
así que seguiremos todos diciendo:
"*I can't breathe.*"

TRASCORDADO

EL SOL EN LA BAHÍA

El tiempo se ahoga en el regocijo de la bahía
y flota junto a las extremidades en la sal infinita

El sol sigue fuerte, quemando,
amarillo como los pétalos de un girasol
y tan cegador
que su centro se ennegrece en las pupilas

El viento y el agua que él mismo evapora lo refrescan
como el sudor de quien toma sol en la arena

Desciende a besar el horizonte
y mientras hace el recorrido
salen los peces a comer
y los que a éstos se comen
Saltan para embutirlo
arriesgando morir ahogados de aire
¡Fantasía inalcanzable!

Crece, se torna anaranjado
y cuando está acariciando el agua
sus rayos son la yema corrida
de un huevo estrellado.

LAS GAVIOTAS

Sus alas son olas
Van y vienen
agitadas, calmadas

Vuelan cerca de la orilla
para camuflarse en la blancura de la espuma
y con suerte picotear algún pez

Las olas son alas
fluidas, efímeras

Caminan cerca de las gaviotas
para sentirse libres,
para desvanecer en el ocaso.

SHENANDOAH

Mar de hojas,
poesía de los árboles:
la naturaleza susurra
mientras que la poesía inútilmente la imita

Mar de hojas,
que hacen eco en las cascadas,
adormecen a la serpiente cascabel,
que se asolea en la roca

Mar de hojas,
que titilan con el viento,
esconden la suavidad de sus vientres
y se enfrentan al sol con superficies enceradas

Mar de hojas en los montes y montañas
Olas de hojas secas por el viento,
que cantan en concierto
y que recuerdan el castañetear
de un viejo flamenco.

TERAPIA MARINA EN PUERTO RICO

Sentarse en la costa oeste
con la República Dominicana al alcance de un catalejo

Mirar que ella se ponga caracoles de mar en los brazos
para que caminen sobre la piel como si fuese roca

La espuma le oxigena los pies enterrados en la arena
y se le escapa por los dedos

El verde del agua evoca esmeraldas
y las iguanas se refugian detrás de las rocas

El gemido circular del mar retumba en las conchas
puestas a la oreja,
una iguana verde se cansa y queda sorda por las olas
y muere aplastada por un tronco de palmera.

FIBRILACIÓN VENTRICULAR

Entre los rayos plateados que la luna pálida arroja
y el sol tenaz que se filtra por las columnas del puente
                 en la última resistencia al ocaso
se oye el oleaje:
           whoosh —
sangre marina bombeada desde adentro

Observo de soslayo el movimiento de las olas:
whoosh
       whoosh
          whoosh
Horas de observación,
fracciones de segundos en su existencia millonaria
y eternas en su hermosura

Fibrilación ventricular,
pero el mar no padece
Al contrario, infunde vida
No hay por qué preocuparse
No es ningún paro cardíaco
Está más vivo que todos:
       whoosh
          whoosh

Mi pulso es el suyo
Los dos tienen el mismo ritmo:
whoosh
El del mar,
el que se escribe y oye en este poema,
estimula al mío
Lo acrecienta, lo doblega, lo regula:
whoosh   *whoosh*   *whoosh*

Las olas les dan vida
a mi poesía
y a mi persona:
                              whoosh
               whoosh
whoosh.

FELICIDAD

LOS QUEJIDOS

Empezaron débiles y alcanzaron un *crescendo*
que con urgencia golpeaba los portones del cielo
Nadie respondió
y luego el suspenso
...
(segundos eternos que enmudecen)
...

Nosotros dejamos de hablar para darte la voz,
para que tus globitos de pulmones
produjeran esa hermosura de llanto

Nuestras voces se juntaron en la tuya
Dejaron de existir en singular,
pero tú las reviviste
porque personificas
la alegría misma.

EN EL FONDO DE LA MAR

…En el fondo de la mar
paranpanpan
suspiraba un papito
y en su suspiro decía
"¡Qué preciosura de hija!"

LA PISCINA

Al mar no tienes por qué temerle
Sólo busca saludarte
y sus olas
celebrarte

Mientras tanto,
la piscina, cristalizada por el cloro,
te contiene, te restringe
y como pez de acuario
terminas nadando de un lado para el otro

El mar te enseña diversidad e infinitud:
si quisieras contar la arena
grano por grano o
las olas
ola por ola
te faltarían vueltas al sol
y, aun así,
la vida dedicada a semejantes tareas
no sería una desperdiciada

El mar te canta melodías del alma
y los peces y las aves marinas le hacen eco,
retumbando en nuestros oídos
y vibrando en nuestras pupilas

La piscina no lo iguala
como este poema tampoco lo poetiza a exactitud

Sola irás apreciando su verdadera esencia
y este poemario
servirá apenas como preámbulo
a la obra magistral,
a la obra sin precedentes.

LA VÍA LÁCTEA

Acabas de comer
y sigues soñando con un mar de leche,
una vía láctea en donde ese hilo suculento
es lo único que importa

Entre sueños nos sonríes
y tu inocencia nos invita a sostenerte en cuatro brazos
como los cuatro tentáculos de la Vía Láctea:
el de Perseo, de Escudo y Centauro, de Sagitario y de Norma

Ellos te disputan,
pero también se quieren
abrazándose en celebración de tu existencia

Eres el sol de nuestra galaxia,
la estrella que nos da vida
y orienta en el día a día

Eres nuestra Vía Láctea,
una galaxia recientemente concebida
que esperábamos que algún día naciera

...

Estando al alcance de nuestras manos
y al trecho de nuestros ojos
escuchamos al universo
y acogimos el destino que nos tenía preparado
con los brazos abiertos

Desde entonces te protegemos
como la hebra de nuestras vidas.

DUERME

No dejas que el telón de tus párpados caiga
porque para ti
el mundo es un retablo de maravillas

Cuando vamos a la playa
el sueño se convierte en un extraño
que ansía capturarte la mirada,
pero es incapaz de seducirte las pupilas
porque a ellas
las absorben los árboles y las flores
con sus aromas y colores;
los animales con sus llamados
y los rayos del sol y las ondas del viento
con sus caricias,
según el capricho del día

¡Es hermoso!
Ya te estás dando cuenta
y aunque todavía no tengas las palabras para expresarlo
te confieso sola algunas:
¡nadie las tiene!

…

Pronto regresaremos a casa
y el sueño se infiltrará
Entrará siguiéndote el paso,
besando tu sombra,

pero se trata solamente de una siesta
Despertarás de ella y recibirás su llamado
porque el mar siempre te espera

                                      susurrando

Ese es su encanto.

CARTAGENA DE INDIAS

Primer viaje internacional del 2023
a la ciudad amurallada de Cartagena
donde la historia es rica y a la vez agridulce

Fue punto estratégico para el imperio colonial
y para la maldita institución de la esclavitud
Estratégico para los piratas que atracaban
a los usurpadores de oro y destinos

En ella se formó una amalgama de culturas,
un sincretismo de religiones
donde el tesoro verdadero
no es el oro hurtado que vive en Europa
o el ahogado u ocultado por las peñas de las islas,
sino la gente descubierta,
la que te da la bienvenida

Aguas cristalinas
que cómplices con el sol encandilan la vista,
proveedoras de alimentos,
transportadoras de turistas, que saltan
de lancha en lancha

Cartagena linda
"¿Qué necesidad tienes
para seducirme otra vez?"[1]
¿sino fue amor a primera vista?

---

[1] Segmento de la canción "Otra vez" de Zion y Lennox.

LA POESÍA

LA NOSTALGIA DE LA POESÍA

La poesía es la nostalgia por las palabras...
Es la electricidad que las activa
Es la espuma del mar cuando las olas revientan:
bulle de la arena, se interpreta y desvanece

Las palabras en conjunto la poseen
o por lo menos la poseían

La poesía es una sonrisa comprometida
que te saluda y luego se despide
Es una palabra o frase que se identifica contigo
cuando menos te lo esperas
Es un diálogo de soledad que emana del alma
y busca morar en otras

Nadie la posee
Es inasible
Es abstractamente concreta

La poesía es la espuma del alma
con nostalgia por las palabras.

LA LLUVIA

Está nublado, gris, melancólico
e instintivamente las nubes sienten la atracción,
la polaridad molecular
……………………………………….....................
……………………………………….....................
……………………………………….....................
El mar reclamará la lluvia y lloverá a cántaros
como si la distancia entre las nubes y el mar
fuese mucho que tolerar.

LOS VASOS

El escritorio se llena de vasos
Me levanto y traigo otro

Las distracciones que acumulo son numerosas
y la transparencia del agua no me aclara nada

Los pensamientos cuelgan de surcos cerebrales
Me gustarían fijos,
ordenados uno por uno en algún estante

El agua se acumula,
se estanca en el vidrio con pensamientos,
pero hay que agitarlos y beber de ellos
para que nos irriguen dentro.

EL TECLADO

El teclado es la metralleta;
las ideas, el plomo fundido,
pellizcadas y estrujadas

Se disfruta cada roce,
palpando emociones
y rastreando el origen

Se contempla,
se admira,
se lamenta su enmudecimiento
¡No se entiende!

Es la extensión de la mano,
del brazo, del cerebro y del alma
y vacila:
violento, cariñoso, misterioso
entre el borrador y las letras

Eres tú
y a la vez es su propia persona.

EL E-POEM@

Cuando las casas se construyan completamente de plástico
y las cruces de los cementerios sean los únicos árboles que
queden,
no habrá vida que maraville

Los pájaros morirán
o estarán obligados a volver a la tierra o al mar
como reptiles y peces

Cuando no haya más árboles
¿quién los recordará?
¿quién escribirá de sus frutos, inquilinos y partes sagradas?
¿De dónde se sacará papel para crear mundos nuevos?
No habrá libros ni lápices
No habrá belleza untada en papel
Quizá tampoco haya poetas
o si los hay, serán poetas evolucionados,
e-poetas, la e de electrónico,
no de ecología...

Quizá tampoco haya ningún Nicanor Parra.

CAMINEMOS JUNTOS

Caminemos juntos al compás de las olas…

La arena se pega queriendo ser tuya
o que tú lo seas de ella
Las olas con caricias te saludan
y compiten con la arena
El viento te enamora
y te revela secretos de poesía
El sol te ilumina el camino
con su plena existencia
Los animales te enseñan su día a día
sin ninguna vergüenza

Caminemos por la playa
Sigamos la orilla
y conozcamos pueblos nuevos,
unos más cálidos que otros,
algunos rocosos,
pero todos bellos

Los paisajes,
imágenes soñadas que deleitan y hechizan…
Hay tanto que ver
y los ojos también se cansan

Andemos hasta dónde se pueda:
por "...*ciudades y charcos*
playas y desiertos,
montañas y llanos
y la casa tuya, tu calle y tu patio."[2]

---

[2] Segmento de la canción "Gracias a la vida" de Violeta Parra.

EL HADA MADRINA

Hay algo de ti que me tranquiliza:
conservas un hábito a veces abandonado o postergado
por los excesos de la vida

Sigue contemplando y riéndote de las aves
y de las manchas que sus aletazos estiran por el cielo
Observa comer a los gatos
y que siempre te sorprendan sus saltos
Acaríciales el pelaje y penétrales el alma
a través de sus pupilas verticales
Matiza los colores de las flores
y ve cómo encajan en el rompecabezas
con las abejas, los pájaros y nosotros

Lo que veas, huelas, oigas y sientas será tu hada madrina
Déjate inspirar por los pormenores significantes de la vida
Date el tiempo necesario para gozar del presente
porque no hay un pasado idílico y
no te inquietes por el futuro incierto:
las cosas se han dado
y se seguirán dando de una manera u otra

Conserva los encantos novedosos
No te habitúes en las percepciones que crees de ellos
porque son más complejos de lo que te imaginas

Mantén la curiosidad,
para que no se extravíen
en el trajín
de las responsabilidades.

MIENTRAS TE DUERMES

Mientras te duermes,
canto lo que se me venga a la mente
y dejo a tu disposición
los lazos entre los fonemas
del corrido disonante
que se lanza de mis labios

Me repito inútilmente
con palabras incapacitadas,
pero quizá si las reitero,
vayan adquiriendo sentido

Son eficaces cuando las pienso,
pero al transcribirlas, pierden fuerza,
así que me disculpo de antemano
por la torpeza

Es que eres mi ser
y yo,
por ahora y ojalá que, por siempre,
sea uno de los tuyos
porque el vínculo entre nosotros
me aproxima al Nirvana

¡Qué linda duermes en mis brazos!
Me encanta el calor que tu cuerpo emana
Quédate siempre en ellos
Dales sentido
Deja que yo sea la bahía
donde aposentes la energía.

A LA ORILLA

DESDE MAYO

Es verano y consigo llegan los playeros
Las olas los hipnotizan y siguen el sol a toda costa
Están como lagartos a la intemperie
con pellejos curtidos,
deshidratados por la sal y la cerveza

Escucho el llamado
Quieres que camine las dos cuadras que nos separan
Vibra el reventar de las olas en las puntas de mi cabello
No es el viento el que me despeina,
sino las ondas de tu llamado

Ya iré
Estoy esperando a que temple el sol
Tengo a una amiga que presentarte,
pero su piel es pura,
sin callosidades que resistan los rayos
y con pupilas que recién contemplan el mundo

Ya iré, amigo
Si no es esta semana, será la otra
Yo nunca te he fallado
Te vengo escuchando desde mayo,
así que prepáranos algo
para que de ti
ella también se enamore.

FOURTH OF JULY

Naciste estadounidense
con derechos y privilegios
que algunas niñas jamás han conocido
y que jamás conocerán

Pero ahora,
a los tres meses de tu delicada vida
te someten a tu primera injusticia:
te quitan el derecho a elegir
lo que quieras hacer con tu cuerpo

La autonomía se esfuma,
es delegada al estado en el cual vives
Es una verdadera desgracia politizada

...

La sigue un *Independence Day*
celebrado con *hot dogs*, hamburguesas, cervezas y juegos
pirotécnicos
que en realidad opacan la magnitud del evento jurídico,
destinándolo al olvido
Definitivamente será un *Fourth of July* distinto

Pronto gatearás
Progresarás hacia tu evolución natural,
pero ellos toman un paso gigantesco hacia atrás,
hacia un pasado que jamás debería haber existido

Me entristece lo sucedido
Te pido que nos perdones.

UN AÑO MÁS

Un año más viejo y en muchos aspectos
                                    ignorante
Un año más viejo y aprendiendo cosas
jamás antes imaginadas

Un año más viejo con una barba que nunca se conectó,
se cansó y se dio por vencida

Un año más viejo, dueño de casa,
viviendo la supuesta 'luna de miel'

Un año más viejo con más responsabilidades,
pero con menos tiempo

Un año más viejo
de energías enervadas.

MAR DE SANGRE

Una guerra no soluciona nada
Uno se defiende mientras el otro ataca
y ¿qué queda?
sino un mar de sangre enlodada,
salpicada en los escombros,
que oscurece las almas

Sangre sacrificada,
mucha de la cual no engendrará nada
y sueños frustrados
lanzados al aire como monedas
que jamás se elevaron lo suficiente
a pesar de que daban caras diferentes
para caer dentro de alguna fuente

Sangre de ausencias lamentadas
por viudos, huérfanos, padres, hermanos y amigos
Sangre que defiende a la patria
de invasores
                forzados o lavados de cerebro

Sangre inmortal,
tinta que hoy en día escribe la historia.

EL SUBJUNTIVO EN ACCIÓN

Hay días que pareciera que me odian
Se lo siento en la mirada
Sea por un examen marcado en rojo
que ellos ven como sangre
chorreando de la herida cometida a sus notas,
sea por las repetidas advertencias contra el plagio
o porque les pido que hablen y participen
¡Que Dios me lo perdone! —les exijo demasiado
y lamentablemente no están de mente
o de ánimo para mi mundo docente

Entonces, en contra de sus voluntades
les hago recomendaciones y sugerencias
                                    con más sutileza

Hay días en que les caigo mejor
porque bromeo con ellos,
les muestro fotos,
dejo el español de lado
y hablamos de otras cosas
o porque les traigo comida
ya que siempre tienen hambre
y siempre están cansados

Entonces, la tensión disminuye
y revelamos emociones y sentimientos

...

Cuando parece que me odian
tengo miedo de sus impulsos,
especialmente ahora
que la violencia con armas
es la correspondencia al respeto

Cuando les caigo mejor,
me atraso por divagar
y luego me estreso
en la privacidad de mi oficina

No son niños cuando se considera su edad
o se les mide el porte,
pero su comportamiento demuestra lo contrario
Me desmienten e invalidan
y me cuesta no negar
la incertidumbre que tenía

Lo dejo a la voluntad de Dios
Ojalá (que) maduren.

LA ANSIEDAD DEL VUELO

La emoción del viaje,
de conocer tierras nuevas
También,
la ansiedad de alejarme de la casa
que está al nivel del mar
I'm no longer grounded

Mi hogar es lo que me acerca al cielo
¡Qué ironía! ¿La explico?
Estoy en el cielo, en las nubes,
pero si algo me pasara...

Que Dios ni lo piense,
se lo pido,
se lo ruego al oído
aunque el motor del avión
haga interferencia.

A MODO DE CONCLUSIÓN

Las orillas en que camino
son distintas a las que tú caminarás
y en ese margen de diferencia yace la belleza
porque siempre hay senderos distintos que tomar
…
Lo importante es sincronizar el ritmo que adoptas
con los pasos que das

El mar y el planeta que le sirve de litoral son ancestrales
y a la humanidad sobrevivirán,
pero podemos competir con ellos dejando un legado
que marque la diferencia en el universo
como aquellas huellas imprentas
que se dejan en la playa
Con el tiempo quizá las hallen,
quizá hasta las sigan
y les sirvan de inspiración para algo propio de ellos

Nuestras acciones son olas que avanzan,
pero que luego regresan a nosotros
Algunos lo llaman karma,
otros la tercera ley de movimiento de Newton
En fin, actúa bien
para procurar el mismo bien tuyo
y si en el proceso te equivocas,
encararás resistencia,
pero todo afloja porque después de la tempestad,
viene la calma

Equivocarse es como caerse
Duele y te retrasa,
pero también te motiva a levantarte con más ansias
Y si la profundidad te atrapa,
ten cuidado y sabe cómo nadar,
jamás en contra de la corriente
porque te agota hasta dejarte sin aire
Mejor, relájate, reflexiona y actúa adecuadamente

Ya tienes costumbre de esta incertidumbre
desde el momento en que nadabas
en el vientre de tu madre
así que indaga en la memoria
o deja que los instintos hagan lo suyo

Caminar y nadar están programados en tu ADN
Quizá ocasionalmente mires hacia arriba,
al cielo, y quieras volar
y es natural
porque parece que la vida proviene del espacio,
pero recuerda que,
aunque no tengamos esa capacidad,
puedes elevarte a través de los sueños,
a través de la poesía
y cuando digo poesía,
es todo tu entorno

La tierra, el mar y el cielo comparten fronteras
y tú te ubicas entre esas interfases
porque te vinculas a la tierra físicamente
y al final de todo, a ella volverás,

y vienes del mar
y porque necesitas aire para respirar

Los tres elementos te definen,
pero tú los puedes marcar
Nada está escrito en piedra en la caminata que das
Puede ser corta y directa,
elíptica, parabólica, hiperbólica
o tomar la forma de cualquier figura geométrica
La única verdad es que a la tierra volverás,
sea seca o mojada por estar en el fondo del mar.

ÍNDICE